ANALIZA KSIĄŻKI

AF142051

Proste serce

● ● ● ● ● ● ● ● ● ● ● ● ● ● ●

GUSTAVE FLAUBERT

ANALIZA KSIĄŻKI

Napisany przez Sandrine Guihéneuf
Przetłumaczony przez Kâmil Kowalski

Proste serce

GUSTAVE FLAUBERT

GUSTAVE FLAUBERT

PISARZ FRANCUSKI

- Urodzony w 1821 roku w Rouen
- Zmarł w 1880 r. w pobliżu Rouen
- Niektóre z jego prac:
  - *Salambo* (1862), powieść
  - *Szkoła uczuć* (1869), powieść
  - *Bouvard i Pécuchet* (1881), niedokończona powieść

Gustave Flaubert urodził się w 1821 roku w Rouen. Pasjonując się pisaniem, już w młodym wieku odkrył swoje literackie powołanie. W 1841 r. wyjechał do Paryża na studia prawnicze, które wkrótce porzucił. Autor zamieszkał następnie w Croisset, nad brzegiem Sekwany, i bywał w ówczesnych towarzystwach literackich. Przyjaźnił się z Charlesem Baudelaire'em, Iwanem S. Tourgueniewem, George Sand i Guyem de Maupassantem, dla którego był wzorem.

Chorobliwy perfekcjonista, bronił literatury refleksyjnej i marzył o napisaniu "książki o niczym". Jego dzieło, wyróżniające się także głębią psychologicznego studium bohaterów, zapowiada wiele przemian, jakim powieść ulegnie w XX wieku. Flaubert zmarł w 1880 roku, pozostawiając po sobie kilka niedokończonych powieści i obfitą korespondencję.

PROSTE SERCE

HISTORIA PRZESIĄKNIĘTA MISTYCYZMEM

- **Gatunek:** Opowiadanie
- **Wydanie źródłowe:** *Proste serce*, in *Trois Contes,* Paris, Le Livre de Poche, 1983, 191 s.
- **Pierwsze wydanie:** 1877 r.
- **Tematy :** poświęcenie, uczucie, śmierć, religia

Proste serce to opowiadanie napisane przez Flauberta jako część tryptyku zatytułowanego *Trois contes*. Zbiór ten gromadzi omawianą historię, *La Légende de saint Julien l'Hospitalier* i *Hérodias*. Po raz pierwszy został wydany w 1877 roku, ale każde z opowiadań było najpierw publikowane pojedynczo w czasopiśmie *Le Moniteur universel*.

Proste serce opowiada historię Félicité, młodej niewykształconej chłopki, która wstępuje na służbę do średniozamożnej wdowy z Pont-l'Évêque, pani Aubain. Poświęca się całkowicie rodzinie i jest szczególnie przywiązana do dwójki dzieci, Paula i Virginie. Dobra dziewczyna ma wszystkie cechy dobrej służącej. Czas mija, a ona traci kolejno wszystkich, których kocha. Kończy życie samotnie, w niezdrowym pokoju, a umiera w Boże Ciało, szczęśliwa, że w niebie znajduje swoją papugę, którą utożsamia z Duchem Świętym.

PODSUMOWANIE

ROZDZIAŁ 1

Félicité, pięćdziesięcioletnia pokojówka, pracuje u pani Aubain, kobiety klasy średniej z Pont-l'Évêque, wdowy i matki dwójki dzieci. Jej codzienność to rutyna. Jest wzorem czystości i organizacji mimo braku luksusu w domu.

ROZDZIAŁ 2

Spojrzenie w przeszłość Félicité.

Po śmierci rodziców Félicité zostaje umieszczona jako młoda dziewczyna na farmie na normandzkiej wsi. Pewnego wieczoru na balu poznaje Théodore'a, który się jej oświadcza. Ostatecznie jednak, aby uniknąć wojska, woli poślubić bogatą wdowę, która jest gotowa zapłacić innemu mężczyźnie za zastąpienie go w służbie wojskowej. Zdradzona Félicité opuszcza gospodarstwo i udaje się do Pont-l'Évêque w poszukiwaniu pracy jako służąca. W wieku osiemnastu lat wstępuje więc na służbę do rodziny Aubain i zajmuje się uwielbianymi przez siebie dziećmi: Paulem i Virginie.

Podczas spaceru rozwścieczony byk prawie zabija panią Aubain, jego dzieci i Félicité. Félicité zapobiega tragedii dzięki swojej przytomności umysłu. Po tym wypadku Virginie cierpi na zaburzenia nerwowe. Lekarz zaleca wysłanie jej do Trouville, gdzie czuje się mniej słaba.

To właśnie tam Félicité spotyka przypadkowo swoją siostrę, Nastasie Barette, oraz jej bratanka, Victora. Młoda kobieta polubiła ich, mimo że oni nie wahają się wykorzystać jej dobroci. Pani Aubain, nie mogąc dłużej znieść kurateli Victora wobec Paula, postanawia wrócić do Pont-l'Évêque. Paul ze swojej strony udaje się do Caen College, aby uzupełnić swoją edukację.

ROZDZIAŁ 3

Virginie rozpoczyna katechizm w Pont-l'Évêque, towarzyszy jej Félicité, która uczy się podstaw religii katolickiej. Identyfikuje się z młodą dziewczyną, gdy ta przystępuje do pierwszej komunii, ale choć jest poruszona wiarą, trudno jej zaakceptować dogmatyczność Kościoła.

Virginie zostaje następnie wysłana do sióstr na wychowanie. Félicité, pozbawiona dwójki dzieci, znajduje teraz emocjonalne ciepło w Victorze, który poświęca czas, by ją odwiedzić, bez ukrytych motywów.

Lata mijają i Victor wstępuje do marynarki wojennej, ku przerażeniu Félicité, która nie przestaje się o niego martwić. Pewnego dnia otrzymuje smutną wiadomość, że zmarł on na Kubie na żółtą febrę. Pogrąża się w smutku.

Kilka miesięcy później Aubain otrzymuje złe wiadomości o stanie zdrowia Virginie. Niedługo potem doznaje urazu klatki piersiowej. Jej matka pogrąża się w rozpaczy. Félicité delikatnie poucza swoją panią, mówiąc jej, żeby zajęła się synem.

Nowy podprefekt mianowany do Pont-l'Évêque odwiedza panią Aubain. Zaczynają nawiązywać kontakty towarzyskie i zaprzyjaźniają się. Ponieważ mieszkał na wyspach, ma czarnego służącego i papugę. Ptak fascynuje Félicité, ponieważ pochodzi z obu Ameryk, przypominając jej o jej siostrzeńcu. Kiedy podprefekt zostaje przeniesiony, na pożegnanie zostawia zwierzę pani Aubain.

ROZDZIAŁ 4

Pani Aubain, której nie zależy na papudze, daje ją Félicité. Pokojówka okazuje prawdziwe przywiązanie do tego zwierzęcia, któremu nadaje przydomek Loulou, i próbuje nauczyć go kilku słów, takich jak "Zdrowaś Mario".

Ucieka, potem wraca, ale Félicité, która poszła jej szukać, łapie przeziębienie i zapalenie ucha, które prowadzi do głuchoty. Następnie coraz bardziej wycofuje się w swój wewnętrzny świat, słysząc jedynie dźwięk ptaka.

Pomimo całej jej czułości, zwierzę umiera z powodu zatoru. Za radą pani Aubain, Félicité każe go wypchać i umieścić w swoim pokoju. Życie pokojówki przerywają teraz jedynie posiłki pani i msze w kościele, gdzie, zadziwiona witrażami Ducha Świętego, nie może powstrzymać się od skojarzenia ze swoim wypchanym zwierzęciem.

Pani Aubain, przejęta bólem w piersi, umiera z kolei, a dom zostaje wystawiony na sprzedaż. Ponieważ dom nie znalazł nabywcy, Félicité mogła w nim pozostać, ale obawiając się zmiany zdania ze strony Paula i jego żony, którzy nie mieszkali w domu, nie prosiła o nic na jego utrzymanie.

Im więcej czasu mija, tym bardziej wierzy, że widzi w papudze manifestację Ducha Świętego.

ROZDZIAŁ 5

Stan dachu się pogarsza i Félicité, której pokój przecieka, łapie zapalenie płuc. Z okazji Bożego Ciała, stara i schorowana, po ostatnim pożegnalnym pocałunku z wypchaną papugą, ofiarowuje ją księdzu, aby umieścić ją na ołtarzu przy domu. Procesja przechodzi obok, zatrzymuje się w miejscu spoczynku, gdzie intronizowany jest Loulou, a ostatni obłok kadzideł dociera do zniszczonego pokoju Félicité. Na łożu śmierci widzi, jak ogromna papuga zabiera ją do nieba. Umiera podczas procesji.

ANALIZA POSTACI

FÉLICITÉ

W liście do panny Leroyer de Chantepie, Flaubert tak pisał o swojej bohaterce: "Pierwszym moim pomysłem było uczynienie jej dziewicą, żyjącą w środku prowincji, starzejącą się w smutku i osiągającą w ten sposób ostatnie stany mistycyzmu i wyśnionej namiętności. (*List do pani Leroyer de Chantepie*, poniedziałek 30 marca 1857)

Urodzona pod koniec XVIII wieku Félicité po raz pierwszy doświadczyła nędzy i opuszczenia: "Jej ojciec, murarz, zginął, spadając z rusztowania. Potem zmarła jej matka, rozproszyły się siostry." (s. 30) Po śmierci rodziców zostaje parobkiem, potem, po złamaniu serca, rozpacza. Jej rozpacz wyraża się w naturze, a krajobraz jest w ten sposób powiązany z nastrojami bohaterki.

Jest oddana i kochająca, z natury prosta i skromna. Opisu fizycznego jest bardzo mało, ale ma ona cechy typowe dla ascetów, zwłaszcza "cienką, pozbawioną głosu twarz" (s. 5), co zdaje się zapowiadać jej postępowanie. Jeśli chodzi o jej wiek, Flaubert pozostaje dość mglisty: "Od pięćdziesiątki nie zaznaczyła żadnego wieku". (s. 5) To właśnie jej cechy serca czynią ją wyjątkową. Najważniejszym podanym opisem jest opis moralny: określa ją sposób bycia. Pracuje bez przerwy, jest bardzo czysta i jest bardzo zazdrosną służącą. Félicité jest niezwykle oddana swojej pani i jest zobowiązana do bycia uczciwą i przykładną.

Od początku pojawia się w cieniu swojej pani. Jest ona rzeczywiście główną bohaterką, ale pierwszy rozdział zaniedbuje jej portret i miejsce na rzecz pani Aubain.

Charakteryzująca się wielką naiwnością Félicité jawi się czytelnikowi jedynie poprzez swoje imię, co pozwala zrozumieć jej sprowadzenie do roli służącej. Samo imię jest również znaczące, gdyż odnosi się do szczęścia, a nawet błogosławieństwa, które w tej powieści nabiera pełnego znaczenia, gdyż błogosławieństwo to nic innego jak "doskonałe szczęście obiecane wybranym po śmierci". Poprzez swoją skrajną żarliwość religijną, to właśnie ten szczególny stan błogości stara się osiągnąć służąca, czego dowodzi epizod jej śmierci. Co więcej, jej agonia jest przedstawiona przez Flauberta jako uspokojenie, wybawienie.

Kobieta o wielkiej dobroci, widzi jak umierają wszyscy, których kocha. Tym samym cała egzystencja Félicité naznaczona jest smutkiem: "Flaubert opisuje mroczną, monotonną postać, która nigdy się nie uśmiecha i której życie przypomina długą drogę pozbawioną wszelkich przyjemności. W przeciwieństwie do tego zbyt surowego życia, jej śmierć będzie stanowiła przejście do lepszego bytu. (*The Double Function of Félicité's portrait in* A Simple Heart, 1992, s. 17-21).

Coraz bardziej ewoluuje w postać mistyczną, zaspokajając swoją potrzebę uczucia poprzez religijną żarliwość, nie potrafiąc ustąpić ze swojej wiary. Odchodzi z ostatnią modlitwą, podczas gdy całe miasto kroczy w religijnej procesji.

PANI AUBAIN

Wdowa i matka dwójki dzieci, Paula i Virginie, jest panią Félicité. "To burżuazyjna, ignorancka, cyniczna i egoistyczna kobieta, która wyznaje tylko jeden zestaw wartości: pieniądze i ich nadmiar. (*Czas i Narracja w* Proste serce. *Wprowadzenie do lektury mitycznej*, 1993) Jest "niemiłą osobą" (s. 1). Co więcej, kiedy umarła, "niewielu przyjaciół za nią tęskniło" (s. 48).

Wygląd i maniery są dla niej bardzo ważne. Nie podoba jej się znajomość z bratankiem Victorem, który ma kuratelę z Paulem, i postanawia natychmiast wyjechać do Pont-l'Evêque.

Pani Aubain, chcąc uczynić z córki "osobę spełnioną" (s. 23), wysyła ją do szkoły z internatem u urszulanek w Honfleur. Od tego momentu wydaje się bardziej ludzka, bo cierpi z powodu braku córki: "Pozbawienie córki było dla niej bardzo bolesne." (s. 23) Kiedy Virginie umiera, jest zrozpaczona: "Rozpacz Madame była bezgraniczna." (s. 34) Jednak później jest jeszcze bardziej humanitarna wobec swojej służącej, jeszcze bardziej czuła: "Pani otworzyła ramiona, służąca rzuciła się w nie i objęły się." (s. 37) W ten sposób w trudnych chwilach prześwituje człowieczeństwo pani Aubain.

LOULOU

"Miała na imię Loulou. Jej ciało było zielone, czubki skrzydeł różowe, czoło niebieskie, a gardło złote." (s. 66) W ten sposób rozpoczyna się prezentacja Loulou, papugi, którą irytacja skłoniła panią Aubain do wręczenia jej jako prezentu swej wiernej służącej, Félicité.

Dla Félicité dzień, w którym Loulou zostaje jej powierzona, jest wielkim dniem. To pokazuje, jak ważne jest zwierzę w życiu Félicité. Więc "zabrała się do pouczania jej; wkrótce powtarzała: ,Czarujący chłopiec! Sługa, sir! Zdrowaś Mario!'" (p. 66). Papuga staje się postacią samą w sobie, istną postacią boską, którą Félicité pielęgnuje i w końcu trzyma wypchaną po śmierci.

KLUCZE CZYTANIA

ZARYS NARRACJI

Sytuacja początkowa: to początek opowiadania, moment, w którym ustala się scenerię i wprowadza bohaterów; sytuacja jest zrównoważona, tzn. nie ma powodu, by się zmieniać.

- Félicité to młoda, niewykształcona chłopka, która wstępuje na służbę do średniozamożnej wdowy z Pont-l'Évêque, pani Aubain. Bardzo lubi dwójkę jej dzieci, Paula i Virginie.

Element zakłócający: jest to wydarzenie, które zakłóca sytuację wyjściową i wywołuje samo działanie.

- Virginie zaczyna szkółkę niedzielną i Félicité ją tam zabiera.

Peryferia: to zdarzenia wywołane przez element zakłócający, które prowadzą do działania (działań) podjętego przez bohatera w celu rozwiązania problemu.

- Epizod z bykiem; wyjazd Paula do Caen; wyjazd Virginie do sióstr; śmierć Virginie i Victora; podprefekt daje papugę pani Aubain jako prezent pożegnalny; podarowanie ptaka przez pani Aubain Félicité; śmierć pani Aubain; śmierć papugi.

Wynik: doprowadza wydarzenia do końca i prowadzi do sytuacji końcowej.

- Félicité kazała wypchać papugę, czyniąc ją świętą. Ptak zajmuje dumne miejsce w jej pokoju, obok innych pobożnych obrazów. Służąca posunęła się do tego, że kupiła obrazek przedstawiający Ducha Świętego w postaci gołębicy z wyciągniętymi skrzydłami. Loulou stała się w ten sposób, *ściśle mówiąc,* zwierzęciem totemicznym: dwa obrazy Loulou i Ducha Świętego "skojarzyły się w jej umyśle, papuga została uświęcona przez ten związek z Duchem Świętym, który stał się bardziej żywy w jej oczach i zrozumiały" (s. 46).

Sytuacja końcowa: to już koniec opowieści. Sytuacja jest znów stabilna, jak sytuacja wyjściowa, ale uległa przekształceniu.

- Félicité umiera w Boże Ciało. W niebie odnajduje swoją papugę, którą utożsamia z Duchem Świętym.

MIĘDZY OPOWIADANIEM A KRÓTKĄ OPOWIEŚCIĄ

Proste serce to opowiadanie wchodzące w skład tryptyku, zbioru zatytułowanego *Trois contes* Flauberta, w skład którego oprócz naszej opowieści wchodzą *La Légende de saint Julien l'Hospitalier* i *Hérodias.* Nieprzypadkowo autor zdecydował się zgrupować je pod tytułem "opowiadania", a nie "krótkie opowieści", jak to było w ówczesnym zwyczaju na oznaczenie wszystkich opowiadań. Flaubert, i w ogóle autorzy XIX wieku, starali się odejść od tej "nazwy handlowej" i tym samym zerwać z czterema wiekami tradycji.

Proste serce bardziej przypomina baśń w swoim nadprzyrodzonym zakończeniu i moralnym celu, cechach mniej obecnych w opowiadaniu, które zwykle opowiada realistyczną historię. Ostateczne połączenie rzeczywistości i cudowności pozostawia postać Félicité niejednoznaczną, nadając jednocześnie sens opowieści: to właśnie w religii bohaterka odnalazła spokój i akceptację życia.

Jednak pewne aspekty *Proste serce* zbliżają też narrację do gatunku opowiadania realistycznego. To ostatnie ma tendencję do przedstawiania rzeczywistości we wszystkich jej aspektach i wysuwa na pierwszy plan klasy społeczne wcześniej pomijane w literaturze. I tak to Félicité, skromna służąca, a nie pani Aubain, jej bogata pani, jest projektowana w centrum opowieści. Opowieść zaczyna się *in media res*, jakby była wstawiona w istniejącą wcześniej rzeczywistość. Powierzona zaufanemu narratorowi, którego wiedza i doświadczenie są gwarancją powagi, opowieść nabiera głębi i autentyczności. Wszelkie ślady oceny zostają zatarte na rzecz "dokładnej niepewności" ("The Storyteller in *A simple heart*", 2002). Narracja w odwrocie jest prerogatywą powieści.

 ## DOBRZE WIEDZIEĆ: REALIZM

Realizm to ruch literacki i artystyczny, który dąży do przedstawienia rzeczywistości, bez prób jej idealizowania czy upiększania. Rozwinął się w drugiej połowie XIX wieku, jako reakcja na romantyzm, który dużą wagę przywiązywał do wyobraźni i wrażliwości. Liderem szkoły realistycznej był Honoré de Balzac (1799-1850).

DALSZE CZYTANIE

WYDANIE REFERENCYJNE

FLAUBERT G., *Un cœur simple*, in *Trois Contes,* Paris, Le Livre de Poche, 1983.

ANALIZY PORÓWNAWCZE

BUENO ALONSO J., *La Double Fonction du portrait de Félicité dans* Proste serce, Murcia, Universidad de Murcia, Anales de Filología Francesa, tom 4, 1992.

FLAUBERT G., *List do panny Leroyer de Chantepie*, poniedziałek 30 marca 1857, w: *Frontières du conte,* Paris, Éditions CNRS, 1982, s. 115.

DESPORTES M., *Les Pratiques de la réécriture dans* Trois contes de Gustave Flaubert, Centre Flaubert, Université de Rouen, 2003.

RABATÉ D., «Le Conteur dans *Un cœur simple*», w *Littérature,* n° 127, wrzesień 2002.

TERRON BARBOSA L., *Czas i narracja w* Proste serce. *Wprowadzenie do lektury mitycznej*, UF, Madryt, Editorial Complutense, 1993.

Chcemy usłyszeć od Ciebie, co się dzieje!
Zostaw komentarz na temat swojej internetowej biblioteki
i podziel się swoimi ulubionymi książkami w mediach społecznościowych!

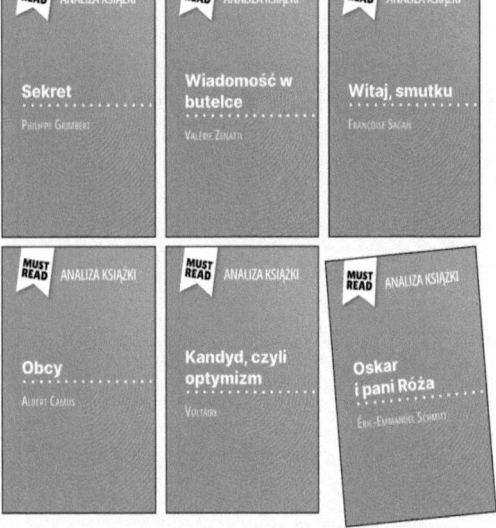

Wydawca zapewnia o wiarygodności publikowanych informacji, co jednak nie może wiązać się z jego odpowiedzialnością.

www.50minutes.com

Master ISBN: 9782808693950
Papierowy ISBN: 9782808615358
Depozyt prawny: D/2023/12603/1815

Verhaal: © Primento

Projekt cyfrowy: Primento, cyfrowy partner wydawców.